Peter Muschick

Process Performance Management

Peter Muschick

Process Performance Management

GRIN Verlag

Bibliografische Information der Deutschen Nationalbibliothek: Die Deutsche Bibliothek verzeichnet diese Publikation in der Deutschen Nationalbibliografie; detaillierte bibliografische Daten sind im Internet über http://dnb.d-nb.de/ abrufbar.

1. Auflage 2011
Copyright © 2011 GRIN Verlag GmbH
http://www.grin.com
Druck und Bindung: Books on Demand GmbH, Norderstedt Germany
ISBN 978-3-656-12696-6

**TECHNISCHE
UNIVERSITÄT
DRESDEN**

Fakultät Wirtschaftswissenschaften

Professur für Wirtschaftsinformatik, insbes. Business Intelligence Research

Process Performance Management

Hauptseminararbeit

Fakultät Wirtschaftswissenschaften der Technischen Universität Dresden

Bearbeitungszeitraum: 13. April - 17. Juni 2011   Dresden, Juni 2011

Inhaltsverzeichnis

Abbildungsverzeichnis

Abkürzungsverzeichnis

Abk.	Abkürzung
BAM	Business Activity Monitoring
BI	Business Intelligence
BPM	Business Process Management
BPMS	Business Process Management System
BPR	Business Process Reengineering
CASE	Computer-Aided Software Engineering
CMMI	Capability Maturity Model Integration
CPM	Corporate Performance Management
CPSF	Critical Process Success Factors
CRM	Customer Relationship Management
d.h.	das heißt
DMAIC	Define, Measure, Analyse, Improve, Control
ERP	Enterprise Resource Planning
KPI	Key Performance Indicator
LI	Leistungsindikatoren
LK	Leistungskennzahlen
LV	Leistungsvergleiche
MSS	Management Support System
PPM	Process Performance Management
PPMF	Process Performance Measurement Model
SCAMPI	Standard CMMI Appraisal Method for Process Improvement
u.a.	unter anderem

1 Einleitung

Die Führung eines Unternehmens beeinflusst maßgeblich den Unternehmenserfolg (vgl. HUNGENBERG & WULF (2007), S. 21 ff.). Das Zusammenspiel langfristig strategischer mit kurzfristig operativen Entscheidungen, welches in Wechselbeziehung mit der Umwelt eines Unternehmens steht (vgl. BEA & HAAS (2005), S. 22 ff.), hinterlässt einen konstanten und stetig zu überdenkenden Handlungsverlauf. Um diesen Handlungsverlauf zu lenken wurden in der Vergangenheit zahlreiche Steuerungsinstrumente geschaffen. Diese reichen von eher in unstrukturierten Prozessen formulierten Strategien (vgl. HINTERHUBER (2004), S. 28 ff.) bis hin zu operativen, meist strukturiert rechnerischen Maßnahmen wie eine Prozesskostenrechnung (vgl. MILLER & VOLLMANN (1985), S. 142 ff.).

Die Forschungsdisziplin der Wirtschaftsinformatik hat es sich u.a. zur Aufgabe gemacht eben diese heterogenen Entscheidungsfindungsprozesse zu unterstützen. Die Forschungsgemeinschaft entwickelte dabei viele Konzepte von unterstützenden Systemen. Gluchowski, Gabriel und Dittmar kategorisieren diese Systemarten unter dem Dach der Management Support Systeme (vgl. GLUCHOWSKI ET AL. (2008), S. 87) an Hand der den Nutzern auferlegten Aufgaben nach Grad der Führungs-, Planungs-, Steuerungs- und Kontrollfunktion im Unternehmen (vgl. SEMEN & BAUMANN (1994), S. 48). Als „[...] innovative IT-Lösungen der Unternehmenssteuerung [...]" (KEMPER ET AL. (2006), S. V) heben sich dabei u.a. Konzepte wie Business Intelligence (BI) insbesondere Data Warehousing zur historisierten Datenhaltung hervor (vgl. INMON ET AL. (2008), S. 23 ff.). Die Lücke zwischen dem eher datengetriebenen Ansatz der Business Intelligence und den Geschäftsprozessen eines Unternehmens sollte durch einen eher prozessorientierten und ganzheitlichen Blinkwinkel geschlossen und somit auch in eine Steigerung der Unternehmensleistung umgewandelt werden. Bekannt wurde diese Form u.a. als Corporate Performance Management (CPM) oder Business Performance Management Systeme (vgl. HEß (2005), S. 8 ff.).

Zur Unternehmenssteuerung und somit der ablaufenden Prozesse sind allerdings nicht nur diese technisch unterstützenden Systeme notwendig, sondern ebenfalls auch ganzheitliche, rückgekoppelte CPM-Konzepte. Ein bekannter Vertreter um den Erfolg einer Strategie zu messen und diese an neue Bedingungen anzupassen ist die von Kaplan und Norton vorgeschlagene Balanced Scorecard (vgl. KAPLAN & NORTON (1996), S. 7 ff.). Diese kann, auf

ein gesamtes Unternehmens angewendet, als Teil eines Corporate Performance Management Systems implementiert werden (vgl. BARTHÉLEMY ET AL. (2011), S. 110).

Im Bereich des Performance Managements entwickelten sich außerdem Ansätze die Leistungsmessung nicht mehr an Hierarchie und Organisation eines Unternehmens auszurichten sondern den Blickwinkel von Strukturen und Funktionseinheiten auf funktionsübergreifende Prozesse zu drehen (vgl. AICHELE (1997), S. 52 ff.), wenn auch das noch nicht gänzlich umgesetzt wurde (vgl. KRAUSE (2006), S. 103 f.).

Das Prozesswissen einer Organisation und deren Design sind allerdings nicht erst im letzten Jahrzehnt im Fokus der Wissenschaft (vgl. NORDSIECK (1930), S. 1 ff.), speziell der Wirtschaftsinformatik (vgl. HAMMER (1990), S. 104 ff.) (vgl. HAMMER & CHAMPY (1994), S. 3 ff.). Mit Hilfe des ganzheitlichen Ansatzes von Business Process Management sollen die Prozesse eines Unternehmens u.a. gesteuert und verbessert werden um kostengünstiger, schneller, genauer, mit weniger Einsatz und flexibler Prozesse abwickeln zu können (vgl. HAMMER (2010), S. 7 ff.). An dieser Stelle treffen also Leistungsmanagement und Prozessmanagement aufeinander.

Die Wissenschaft der Prozesse und ihrer Leistungsverbesserung Process Performance Management (PPM) hat demnach einige Einflüsse. Die Motivation der Arbeit ist es, die verschiedenartigen Wurzeln der noch jungen Forschungsdisziplin des PPM näher zu beleuchten und ein harmonisiertes Bild nach der Aggregation des Autors wiederzugeben.

1.1 Forschungsdesign

Ziel dieser Arbeit ist es die aktuelle Forschungssituation des Process Performance Managements zu aggregieren. Es soll dargelegt werden, welche Einflüsse PPM aus anderen Forschungsdisziplinen hat. Außerdem soll die Integration des Ansatzes PPM zur Steigerung der Unternehmensleistung erörtert werden und welche Maßnahmen dafür vorgeschlagen werden.

Erkenntnisziel ist demnach eine aggregierte Darstellung des Themas PPM. Als Gestaltungsziel wird die Erörterung der Integration von PPM in ein ganzheitliches CPM Konzept angestrebt. Der Autor wendet die Methode der Inhaltsanalyse an. Die Aussagen des Autors folgen der Konsenstheorie der Wahrheit. Dabei wird eine ontische Realität angenommen, deren Wahrnehmung stets subjektgebunden ist. Somit sollte die vorliegende Arbeit als ein

wahrnehmbares, aber subjektiv geschaffenes Konstrukt verstanden werden (vgl. BECKER ET AL. (2004), S. 344 f.).

1.2 Aufbau der Arbeit

Im Kapitel 2 werden die verschiedenen Begriffsdefinitionen eines Corporate Performance Management-Systems vorgestellt. Es finden außerdem zu Grunde liegende Konzepte wie das sich eher technischen Aspekten widmende Business Intelligence ihre Beachtung. Anschließend wird auf die in CPM vorliegenden Rückkopplungskonzepte eingegangen.

Kapitel 3 widmet sich der Fachdisziplin Business Process Management. Es wird ebenfalls eine Begriffsdefinition des in der Wissenschaft sehr unterschiedlich bearbeiteten und vielschichtigen BPM vorgenommen. Anhand der Darstellungen der verschiedenen Aspekte sollen mögliche Ansatzpunkte in Hinblick auf PPM herausgearbeitet werden.

Kapitel 4 führt die beiden Fachdisziplinen CPM und BPM zusammen. Es werden Ansätze zur Steigerung der Unternehmensleistung ausgearbeitet, die durch die Integration von BPM in einen ganzheitlichen Ansatz als CPM entstehen können. Der Schwerpunkt liegt vor allem auf den Prozessen eines Unternehmens, deren Verbesserung sich wieder auf das gesamte Unternehmen auswirken kann. Voraussetzung ist ein methodisches Vorgehen und genaue Leistungsmessung, Themengebiete, die ebenfalls betrachtet werden. Somit soll eine aggregierte Darstellung des Process Performance Management entstehen.

In Kapitel 5 wird die Arbeit zusammengefasst und ein Ausblick erteilt.

2   Corporate Performance Management

Seit IT auch in Unternehmen stärker Einzug erhalten hat, wird versucht mit Hilfe der technischen Systeme auch die Geschäftsaktivität des Unternehmens zu unterstützen und zu verbessern. Es fing mit der Umstellung auf einfache elektronische Datenverarbeitung an und bekam eine steigernde Bedeutung mit Warenwirtschaftssystemen wie SAP R/2 in den 1980er Jahren zugesprochen (vgl. BUCHTA ET.AL. (2009), S. 13 ff.). Dabei entwickelt sich IT mehr und mehr zu einem Wert- und Leistungstreiber für viele Unternehmen in vielen verschiedenen Branchen, der die Geschäftsaktivität nicht nur unterstützt sondern auch trägt (vgl. BUCHTA ET.AL. (2009), S. 20 ff.). Eine Kategorie von unterstützender Technik sind unter dem von GLUCHOWSKI geprägten Begriff Management Support Systeme (MSS) zusammengefasst (vgl. GLUCHOWSKI ET.AL (2008), S. 87 ff.). Diese sollen den Ebenen und Mitarbeitern eines Unternehmens zur Seite stehen, die mit Führungs-, Planungs-, Steuerungs- und Kontrollaufgaben beauftragt sind (vgl. SEMEN & BAUMANN (1994), S. 48).

Um in Führungspositionen die richtigen Entscheidungen zum Erfolg treffen zu können, benötigen die Entscheidungsträger stets die richtigen Informationen für ihre Anweisungen (vgl. FÖHR (1999), S. 133 ff.). Allerdings ist diese nicht immer vom gleichen Wert für den Empfänger. Mit der heutigen, stetig steigenden Informationsmenge ist es nötig, dass diese auch in geeigneter Form aufbereitet und präsentiert werden. Schon zu Beginn einer Konzeption eines unterstützenden Systems ist daher eine Informationsbedarfsanalyse geeignet um spätere nutzlose Informationen schon in der Designphase auszuschließen (vgl. ACKOFF (1967), S. 147 ff.).

Im heutigen Informationszeitalter ist der Informationsmenge natürlich nicht mehr ohne die technische Unterstützung zu entgegnen. Es zählen nun nicht mehr nur betriebswirtschaftliche Vorgehenskonzepte zur Erfolgsmessung, sondern eben die Kombination mit den darunter liegenden informationstechnischen Systemen. Ein erfolgreiches Beispiel ist das Strategieumsetzungs- und Managementkonzept der BSC von KAPLAN & NORTON. Sie kann u.a. aus den Sichten Mitarbeiter, Kunden, Finanzen und Prozesse bestehen, in denen dann ausgewählte kritische Erfolgsfaktoren die Umsetzung einer Strategie messen und Fehlentwicklungen aufzeigen können (vgl. KAPLAN & NORTON (1996), S. 7 ff.).

Solche Systeme zur Erfolgsmessung und -steuerung mit technischen als auch betriebswirtschaftlichen Aspekt nennt man Corporate Performance Management Systeme, deren

Prinzip und Aufbau in Hinblick auf den betriebswirtschaftliches Prozessmanagement im Kapitel 4 näher betrachtet werden soll.

2.1 Begriffsklärung und zentrale Bestandteile

CPM ist eine noch recht junge Disziplin. Einflüsse gibt es u.a. aus dem Bereich der Business Intelligence insbesondere Data Warehouses sowie von Management-Konzepten der Betriebswirtschaftslehre.

Das heutige Verständnis von BI wurde erstmalig 1996 durch eine Studie von Gartner Inc. definiert (vgl. ANANDARAJAN ET AL. (2004), S. 18 f.). KEMPER ET AL. (2006), S. 8 verfasste eine heute breit unterstützte Definition: „Unter Business Intelligence (BI) wird ein integrierter, unternehmensspezifischer, IT-basierter Gesamtansatz zur betrieblichen Entscheidungsfindung verstanden.". Innerhalb dieser Definition sind im weiteren Verständnis auch die Konzepte Data Warehouse und Data Mining eingeschlossen (vgl. KEMPER ET AL. (2006), S. 4).

Mit der wachsenden Komplexität aufgrund der Menge der Informationen und Informationsquellen entstand die Notwendigkeit eine vollständig integrierte Datenbank in Unternehmen aufzubauen, so genannte Data Warehouses. Dabei werden die aus vielen unterschiedlichen Quellen mit verschiedensten Schnittstellen zusammengetragenen Informationen harmonisiert bzw. transformiert. Somit wird eine zentrale Datenhaltung nach dem Prinzip des Single Point of Truth erreicht (vgl. GABRIEL ET AL. (2009), S. 209 ff.). Schon an diesem Punkt lässt sich entsprechend der Vorstellung von ACKOFF eine Filterung der Informationen vornehmen.

Ein weiterführendes Prinzip von Data Warehouses ist die die Historisierung der Daten. D.h. Daten werden über die Extraktions-, Transformations- und Ladenprozesse (ETL-Prozess) in das Warehouse gespeichert, aber nicht wie in operativen Datenbanken gelöscht oder verändert. Jeder Datensatz erhält einen Zeitstempel, welcher anschließend eine gezielte zeitorientierte Auswertung ermöglicht (vgl. INMON ET AL. (2008), S. 7 ff.). Somit lassen sich auch prozessbasierte Verlaufskennzahlen und weitere Informationen erheben, speichern sowie später auch auswerten und anzeigen. Gerade die Perspektive der Prozesse besitzt in der BI noch einiges an Optimierungspotential (vgl. BUCHER ET. AL. (2009), S. 418 ff.).

Die Gewinnung geschäftsrelevanter Erkenntnisse wird zusätzlich noch durch Data Mining, der Suche nach Mustern in großen Datenbeständen, unterstützt (vgl. KEMPER ET AL. (2006), S. 7

ff.). Im Rahmen dieser Arbeit findet der Aspekt Data Mining allerdings lediglich durch Process Mining, dem Auffinden von Prozessverläufen in großen Logdatenbeständen, weitere Betrachtung.

BI entwickelte sich durch die Ergänzung von betriebswirtschaftlichen Konzepten zu einem Management Support System, welches durch die Bereitstellung von aggregierten Führungsinformation nach betriebswirtschaftlich relevanten Kennzahlen mehr und mehr an Bedeutung gewann. In diesem evolutionären Schritt entwickelte sich das Corporate Performance Management. CPM wird als ein Ansatz verstanden um die Unternehmensleistung zu verbessern und in den immer dynamischeren Märkten schneller zu reagieren. Als Ziel steht eine bessere Leistung als die Wettbewerber und die bessere Kontrolle des eigenen Unternehmens im Vordergrund (vgl. MIRANDA (2004), S. 58 ff.). Leistungsmanagement ist also eng mit der technischen Umsetzung in einem Unternehmen verknüpft, was schon vor der eigentlichen Umsetzung durch ECCLES vorher gesagt wurde und sich weiter fortsetzen wird (vgl. ECCLES (1991), S. 131 ff.).

Wie beim Begriff der Business Intelligence gibt es keine durchgängig akzeptierte wissenschaftliche Definition. Erstmalig erwähnte die Gartner Group den Begriff und versteht ihn als eine Zusammenfassung von Methodologien, Metriken, Prozessen und Systemen zum Überwachen und Steuern des geschäftlichen Erfolgs eines Unternehmens. Dabei repräsentiert das Konzept die strategische Weiterentwicklung von BI Lösungen (vgl. GEISHECKER & RAYNER (2001), S. 1).

CPM wird in dieser Arbeit auf den Aspekt der Geschäftsprozesse beschränkt. Nach HEß kann das Process Performance Management als zentraler Bestandteil von CPM verstanden werden, bei dem ein Monitoring-System aufgebaut wird, welches die Leistung der relevanten Geschäftsprozesse durchgehend überwacht, Schwachstellen und Problemsituationen aufdeckt und es ermöglicht den Erfolg von Verbesserungsmaßnahmen zu bewerten (vgl. HEß (2005), S. 11 ff.). Das Kapitel 4 wird sich mit diesem Teil von CPM und seinen weiteren Schnittmengen näher beschäftigen.

2.2   Regelkreis zur kontinuierlichen Verbesserung

Der Managementansatz des CPM funktioniert ähnlich dem kybernetischen Kreislauf des Controllings in einem stetig wirkenden Regelkreis (vgl. ZELL (2008), S. 205). Dieser wird konstant durchlaufen und soll eine kontinuierliche Anpassung des Systems an die

Einflussfaktoren (z.B. Markt, Konkurrenten als auch Stakeholder) in seiner Umwelt gewährleisten. Es gibt zahlreiche Vorschläge diesen zu verbessern und zu erweitern. FROLICK und ARIYACHANDRA haben eine geläufige Definition der vier Kernschritte dargestellt, welche die Grundlage für Abbildung 1 darstellt. Beeinflusst wurden diese vom PDCA-Konzept und deren Autoren DEMING als auch SHEWHART, auf welche in Kapitel 3.2 näher eingegangen wird.

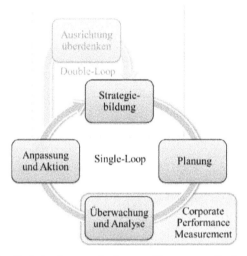

Abbildung 1:   Regelkreis des Corporate Performance Managements (Quelle: in Anlehnung an FROLICK & ARIYACHANDRA (2006), S. 43 f., ZELL (2008), S. 205, ARGYRIS (1999), S. 67 ff.)

Der Regelkreis des CPM setzt voraus, dass ausgehend von der Vision ein Unternehmen eine Mission als auch ein Leitbild ableitet. Die dann daraus in einem ersten Schritt abgeleiteten strategischen Ziele eignen sich als Grundlage für die Planung eines Kontrollkonzepts mit Messgrößen, welches anschließend implementiert und analysiert wird. Im letzten Schritt werden die entstehenden Handlungsempfehlungen dann in die Tat umgesetzt. Um den Regelkreis zu schließen sollten kontinuierlich die strategischen Ziele mit den folgenden Schritten in einem neuen Durchlauf überarbeitet werden. Der Messvorgang ist Teil des Corporate Performance Measurements, welches den Fokus auf die eigentliche Messung, die Messmethodik und deren Anwendung sowie optimale Weiterentwicklung legt (vgl. GRÜNING (2002), S. 13 ff.). Es ist damit integraler Bestandteil eines Leistungsmanagements.

OEHLER sowie HECKL und MOORMANN diskutieren außerdem einen weiteren Aspekt eines CPM Systems (vgl. OEHLER (2006), S. 230) (vgl. HECKL & MOORMANN (2010), S. 116). Sie verweisen auf die Theorie vom organisationalen Lernen, welche den Lernprozess in Unternehmen in einen Single-Loop und ein Double-Loop aufteilen (vgl. ARGYRIS (1999), S. 67 ff.)). Dabei stellt das Single-Loop Lernen den kontinuierlichen Ablauf des Regelkreises dar. Laut OEHLER neigen Organisationen aber dazu, im Regelkreis bei operativen Anpassungen zu verharren und nicht langfristige strategische Änderungen vorzunehmen. KAPLAN und NORTON schlagen dafür den Double-Loop Ansatz von ARGYRIS vor, in dem man aus dem Single-Loop ausbricht und die gesamte strategische Ausrichtung von Zeit zu Zeit überarbeitet (vgl. KAPLAN & NORTON (1997), S. 241 ff.). Dieser ist ebenfalls in Abbildung 1 dargestellt.

Im folgenden Kapitel wird näher auf die eigentlichen Geschäftsprozesse in Unternehmen eingegangen. Die Betrachtungsebene wird also von der Organisation auf die Geschäftsprozesse gesenkt, wobei deren Auswirkung auf die Leistung eines Unternehmens diskutiert wird.

3 Business Process Management

BPM entstand aus verschiedenen Einflussströmungen. Nach HARMON hat BPM drei prinzipielle Einflüsse aus der Qualitätskontrolle, der Management Theorie und der Informationstechnologie (vgl. HARMON (2010), S. 37).

SHEWHART als auch DEMING legen mit ihren Überlegungen über statistisch gestützte Prozesskontrolle die Grundlage für das heutige Qualitätsmanagement (vgl. DEMING (1953), S. 8 ff.) (vgl. SHEWHART & DEMING (1986), S. 1 ff.). Sie wenden statistische Messmethoden an um Probleme zu identifizieren und die Varianz des Auftretens möglichst zu verringern. Nach HAMMER sind allerdings die dahinter liegenden Prinzipien für BPM viel wichtiger. Sie vertreten die Grundannahme, dass alle Transaktionen und Betriebsabläufe kritische Erfolgsfaktoren sind und besondere Aufmerksamkeit als auch Management benötigten. Ebenso das quantitative Messgrößen anstatt ausschließlich qualitative Einschätzungen sich dazu eignen die eigentlichen Ursachen von Problemen ausfindig zu machen (vgl. HAMMER (2010), S. 3 f.). Laut HAMMER leidet der Ansatz aber auch unter dem Problem, dass man sich aufgrund einer unzureichenden Geschäftsprozessdefinition nicht auf die Kerngeschäftsprozesse konzentriert und zu viele Kleinstaktivitäten betrachtet. Ebenso sind die daraus resultierenden zu vielen kleineren Verbesserungsprojekte nur schwer beherrschbar. Kapitel 3.2 geht näher auf den Einfluss von Qualitätsmanagement und seine Relevanz für PPM ein, während sich Kapitel 4.3 mit der quantitativen Leistungsmessung von Prozessen beschäftigt.

In der Management Theorie liegen die Ursprünge nach HARMON in den zahlreichen Konzepten wie u.a. die Wertschöpfungskette nach PORTER, Performance Improvement des gesamten Unternehmens nach RUMMLER & BRACHE und neueren Ansätzen um Geschäftsprozessmanagement nach GAITANIDES oder Business Process Reengineering (BPR) nach HAMMER & CHAMPY[1] (vgl. HARMON (2010), S. 42 ff.). Durch strukturelle Neuerungen versuchen die Ansätze Verbesserungen zu schaffen. Geschäftsprozessmanagement z.B. kann nach GAITANIDES, SCHOLZ und VROHLINGS als „[...] planerische, organisatorische und kontrollierende Maßnahmen zur zielorientierten Steuerung der Wertschöpfungskette eines Unternehmens [...]" (GAITANIDES ET. AL. (1994), S. 3) definiert werden. Auch ROHM sieht es als „[...] die zielorientierte Planung, Steuerung und Kontrolle von Unternehmensprozessen

---

[1] Siehe dazu die entsprechenden Werke: (s. PORTER (2000), S. 63 ff.) (s. RUMMLER & BRACHE (1995), S. 1 ff.) (s. GAITANIDES (2007), S. 1 ff.) (s. HAMMER & CHAMPY (1994), S. 32 ff.)

(Systemgestaltung) sowie die dazu notwendige Organisation (Vorgehensgestaltung) [...]."
(ROHM (1998), S. 22).

BPR zeichnet sich im Vergleich dadurch aus, radikal neu anzusetzen. Eine vollständig neu
überdachte Prozessmodellierung in relevanten Geschäftsprozessen soll eine drastische
Verbesserung in kritischen Leistungsindikatoren (KPI) wie Kosten, Qualität, Service und
Geschwindigkeit bringen (vgl. HAMMER & CHAMPY (1994), S. 32). Laut HAMMER kann man so
gewachsene funktionale Grenzen durchbrechen und nicht-wertschaffenden Overhead, Fehler
und Komplexität verringern. Ein weiterer Vorteil ist der Fokus auf das Design eines Prozesses
statt auf die eigentliche Ausführung um somit die möglichen Grenzen zu erweitern und
zusätzliche Verbesserungen einzuführen (vgl. HAMMER (2010), S. 4). Dies würde wiederum
dem in Kapitel 2.2 erklärten Ansatz nach ARGYRIS ähneln, sich regelmäßig auch eine Ebene
über den normalen Verbesserungsprozess zu begeben und über die zielgebenden Variablen zu
urteilen.

Den letzten großen Einfluss hat laut HARMON die Informationstechnologie und ihr Ansatz
Prozesse als zusammenhängendes Konstrukt zu betrachten. Er hebt besonders das Prinzip der
möglichen positiven als auch negativen Wechselwirkungen bei Prozessveränderungen auf die
Unternehmensleistung hervor. Er betrachtet IT als einen der großen Treiber des Wandels und
der Effizienzsteigerung Unternehmen. BPR sei in Kombination mit der rasanten technischen
Entwicklung in den 1990er Jahren verantwortlich für einen starken Wandel in der Art und
Weise, wie Unternehmen mit ihren Prozessen und deren Verbesserung umgehen. Er sieht
Aufsätze wie „The New Industrial Engineering: Information Technology and Business Process
Redesign" als erfolgreichen Anfang wie IT die Geschäftsorganisation prägen kann (vgl. SHORT
& DAVENPORT (1990), S. 11 ff.). Heutzutage zählen dazu Techniken wie Business Process
Management Systeme (BPMS), Unternehmensarchitekturen wie das Zachman Framework (s.
ZACHMAN (1987), S. 277 ff.), CASE Tools und zugehörige Modellierungssprachen wie die
UML (s. OMG (2011a)) oder BPMN (s. OMG (2011b)) sowie betriebliche Standardsoftware
wie ERP, CRM oder BI und Reporting-Tools (vgl. HARMON (2010), S. 48 ff.).

Die zahlreichen Einflüsse in BPM führten zu einer Forschungsdisziplin mit vielen Aspekten.
Die Arbeit geht folgend auf einige vor allem dem Kontroll- und Managementaspekt
gewidmeten Punkte näher ein. Zuvor wird in Kapitel 3.1 eine Definition von Prozessen
vorgenommen um den Gegenstand der Betrachtung näher zu spezifizieren.

3.1 Begriffsklärung Prozess

Es existieren viele verschiedene Definitionen eines Prozesses. Laut BECKER und SCHÜTTE verwenden viele Autoren außerdem die Begriffe Prozess und Geschäftsprozess synonym, obwohl Geschäftsprozesse eigentlich schon von der Begriffszusammensetzung eine Spezialisierung von Prozessen sind. Sie verstehen einen Prozess als eine Folge von Funktionen mit einem Anfang und einem Ende. Geschäftsprozesse bearbeiten dabei betriebswirtschaftliche Objekte, welche nach Informationsobjekten wie z. B. Rechnungen oder materialisierten Objekten wie z. B. Verkaufswaren unterschieden werden können (vgl. BECKER & SCHÜTTE (2004), S. 107 ff.) Prozesse alleine können auch schon kleinere Aktivitäten sein, die Teilaktivitäten eines Geschäftsprozesse darstellen und somit auch nur Teilergebnisse liefern. Sie müssen nicht direkt in Bezug zum Kunden stehen und können anderen Prozesse auch nur unterstützen (vgl. SCHMELZER & SESSELMANN (2008), S. 63 ff.). Die DIN EN ISO 9000:2005 Norm definiert einen Prozess als einen „[...] Satz von Wechselbeziehungen oder Wechselwirkung stehenden Tätigkeiten, der Eingaben in Ergebnisse umwandelt." (INTERNATIONAL ORGANIZATION FOR STANDARDIZATION (2005), Kap. 3.4.1).

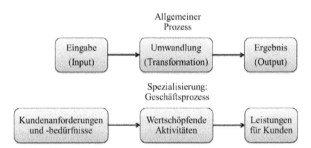

Abbildung 2: Darstellung eines Prozess und Geschäftsprozesses (Quelle: in Anlehnung an BECKER & SCHÜTTE (2004), S. 107 ff., SCHMELZER & SESSELMANN (2008), S. 63 ff.)

Der Autor folgt der Auffassung von BECKER und SCHÜTTE und versteht einen Geschäftsprozess als eine „[...] inhaltlich abgeschlossene, zeitlich-sachlogische Abfolge von Zuständen, die die inhaltlich vollständige Bearbeitung eines von einem Subjekt als konstituierend deklarierten - betriebswirtschaftlich relevanten - Objektes wiedergeben." (BECKER & SCHÜTTE (2004), S. 107).

STAHLKNECHT und HASENKAMP sehen einen Geschäftsprozess ebenfalls als „[...] eine zielgerichtete zeitlich-logische Folge von Tätigkeiten [...]" (STAHLKNECHT & HASENKAMP (2005), S. 2). Sie durchlaufen in der Regel mehrere organisatorische Einheiten des Unternehmens und „[...] sind (weitgehend standardisierbare) Routineaufgaben des Unternehmens, jedoch keine Einzelprojekte [...]" (STAHLKNECHT & HASENKAMP (2005), S. 2). Diese tragen sowohl auf der Kunden- als auch Unternehmensseite zur Wertschöpfung bei und können durch einen kontinuierlichen Verbesserungsprozess nachhaltig die Wettbewerbsfähigkeit eines Unternehmens verbessern (vgl. STAHLKNECHT & HASENKAMP (2005), S. 2 f.).

3.2   Qualitätsmanagement

Der grundlegende Einfluss von SHEWHART als auch DEMING wurde in Kapitel 3 schon näher erklärt. Ausgehend von dem Gedanken durch Qualitätsverbesserungen nicht nur mehr Produkte mit weniger Ausschuss und demnach Aufwand zu produzieren, sondern diese Produktivitätsverbesserungen auch zur Kostensenkung und Steigerung des Gewinns zu verwenden, wuchs die Bedeutung von Qualitätsmanagement. Folgend wird auf einige Entwicklungen näher eingegangen, welche nach Meinung des Autoren v.a. im Bereich der Prozessverbesserung und deren Qualitätsmessung von Bedeutung sind.

Ein grundlegender Ansatz des Qualitätsmanagement ist der kontinuierliche Verbesserungsprozess, welcher entscheidend durch die Überlegungen von SHEWHART und DEMING geprägt wurde (vgl. DEMING (1992), S. 86 ff.). Der PDCA-Zyklus beschreibt einen iterativen Prozess zur Problemlösung in vier Schritten, welche in Abbildung 3 verdeutlicht sind. Prinzipiell geht es um das regelmäßige Durchlaufen eines festgelegten Prozesses mit Prozessteilschritten, die zur Verbesserung der Organisation, der darin ablaufenden Geschäftsprozesse als auch Prozessteilschritten dienen. Nach einer Analyse der Situation werden Verbesserungspotentiale im Planungsschritt erkannt (Plan). Die erkannten Verbesserungen werden dann im Kleinen getestet (Do). Die Ergebnisse des Tests werden anschließend ausgewertet und im positiven Fall eine Planung und Standardisierung auf die gesamte Organisation erstellt (Check). Diese wird darauf folgend umgesetzt, d.h. Dokumentationen geschrieben und Investitionen getätigt (Act). Im nächsten Durchlauf kann dann eine erneute Überarbeitung und Verbesserung stattfinden. Aufgrund der stetigen

Verbesserungsbemühung wird dies auch als Kreislauf bzw. Regelkreis bezeichnet, da natürlich die Ergebnisse aus vorherigen Durchläufen weitere beeinflussen.

Abbildung 3:   PDCA-Zyklus (Quelle: in Anlehnung an DEMING (1992), S. 86 ff.)

Der oben erwähnte Regelkreis ist, in abgewandelter Form, in vielen Methoden und Ansätzen des Qualitätsmanagements wiederzufinden. Dazu zählen neben dem kontinuierlichen Verbesserungsprozess auch Six Sigma mit dem DMAIC-Zyklus (vgl. TÖPFER (2007), S. 80 ff.) oder Total Quality Management Ansätze (vgl. DAHLGAARD ET.AL. (2002), S. 80 ff.)

Die Qualitätseinschätzung von Prozessen geht allerdings auch über das einfache Erfassen von quantitativen als auch qualitativen Kennzahlen hinaus. Prozessreifegradmodelle wie z.B. Capability Maturity Model Integration (CMMI) ermöglichen einen systematisierten Vergleich zu bewährten Vorgehensweisen um eine Organisation zu verbessern. CMMI ähnelt im Aufbau einer Sammlung von Referenzmodellen für in bestimmten Gebieten zusammengefasste Prozessgruppen. Prozesse werden dabei nach Fähigkeitsgrad[2] und Reifegrad[3] beurteilt und eingeordnet. Ursprünglich für Softwareentwicklungsprozesse entwickelt (vgl. CHRISSIS (2009), S. 3. ff.), unterstützt CMMI heute CMMI-DEV für Softwareentwicklung, CMMI-ACQ für Beschaffung von Hard- und Software (vgl. GALLAGHER ET. AL. (2011), S. 1 ff.) sowie CMMI-SVC für allgemeine dienstleistungserbringende Organisationen (vgl. FORRESTER ET. AL. (2011), S. 1 ff.). Sie ermöglichen somit einen allgemeinen Leistungsvergleich zu anderen Unternehmen, die ebenfalls CMMI einsetzen. Es existieren noch weitere Reifegrad-[4] und Referenzmodelle wie

---

[2] Die Fähigkeitsgrade wären: 0 (Incomplete), 1 (Performed), 2 (Managed), 3 (Defined) 4 (Quantitatively Managed), 5 (Optimizing) (vgl. CHRISSIS (2009), S. 55 ff.)
[3] Die Reifegrade wären: 1 (Initial), 2 (Managed), 3 (Defined), 4 (Quantitatively Managed), 5 (Optimizing) (vgl. CHRISSIS (2009), S. 55 ff.) (vgl. CHRISSIS (2009), S. 55 ff.)
[4] ROSEMANN und VOM BROCKE geben eine Liste der bekanntesten veröffentlichen Reifegradmodelle nach ihrer Einschätzung (s. ROSEMANN & VOM BROCKE (2010), S. 110)

z. B. das SCOR Framework für die Wertschöpfungskette oder das weiterentwickelte Value Reference Model (VRM) (vgl. HARMON (2010), S. 61 ff.).

3.3   Regelkreis des Business Process Management

BPM und dementsprechend die Verbesserung der Leistung von Prozessen ist von hoher Bedeutung für die Entscheidungsträger von Unternehmen. Eine Studie durch GARTNER bestätigt, dass BPM auf der Prioritätenliste von CIOs sehr weit oben steht (vgl. GARTNER (2010), S. 8).

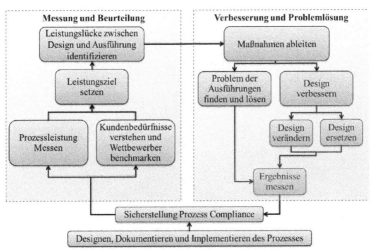

Abbildung 4:   Der essentielle Business Process Management Regelkreis (Quelle: in Anlehnung an HAMMER (2010), S. 5)

Die grundlegenden Schritte der Entscheider sind immer die gleichen, weswegen HAMMER diese im essentiellen Business Process Management Regelkreis zusammenfasst (vgl. HAMMER (2010), S. 5). Dieser in Abbildung 4 dargestellte Ablaufplan gliedert sich nach Meinung des Autors in Phase 1, Messung und Beurteilung, sowie Phase 2, Verbesserung und Problemlösung. Laut Hammer sind viele Organisationen der Meinung, dass eine Vielzahl der Prozesse große

Variationen aufweisen und somit nicht standardisierbar sind. Der Autor folgt seiner These, dass dies für kreative Entwicklungs- oder persönliche Kundenbeziehungsprozesse zutrifft, aber nicht für die großen restlichen Prozessgebiete (vgl. HAMMER (2010), S. 5). Unter dieser Annahme beginnt der Regelkreis mit der erstmaligen Standardisierung eines Prozesses. Dieser sollte vor der Implementierung dokumentiert und mit Hilfe von Prozessmodellierungsmethoden und Simulation auf mögliche Probleme überprüft werden (siehe dazu Kapitel 4).

In Phase 1 des Regelkreises wird der aktuelle Stand des Prozesses beurteilt sowie seine bestimmenden Inputvariablen seitens der Kunden und Wettbewerbern betrachtet. Diese werden analysiert und ein Leistungsziel gesetzt. Anschließend wird die Lücke zwischen Leistungsziel und Erreichung des Prozesses analysiert und identifiziert. Laut HAMMER erreichen Prozesse ihr Leistungsziel wegen zwei verschiedenen Gründen nicht. Entweder aufgrund von fehlerhaften Design oder Fehlern bei der Ausführung des standardisierten Prozesses (vgl. HAMMER (2010), S. 5). In der folgenden Phase 2 werden Maßnahmen zur Verbesserung anhand der zwei möglichen Ursachen abgeleitet. Anschließend werden die geeignetsten in die Tat umgesetzt. Somit beginnt der Regelkreis erneut mit Phase 1 (vgl. HAMMER (2010), S. 4 ff.).

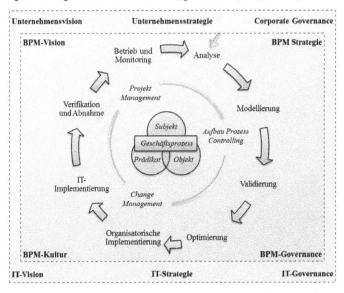

Abbildung 5:   Integrierter Business-Process-Management-Zyklus (Quelle: in Anlehnung an SCHMIDT ET. AL. (2009), S. 53)

Im essentiellen Business Process Management Regelkreis gilt weiterhin das Prinzip der kontinuierlichen Verbesserung. Aufgrund der Rückkopplung eines Durchlaufs in den nächsten soll auf bestehenden und funktionierenden Erfahrungen aufgebaut werden.

In der deutschen Literatur haben SCHMIDT, FLEISCHMANN und GILBERT den Regelkreis angepasst und um weitere Elemente der Unternehmensführung ergänzt. Grundlegend ähnelt der Kreislauf dem Vorschlag von HAMMER, wird jedoch durch die gegebenen Rahmenparameter der BPM-Vision, BPM-Strategie, BPM-Governance als auch BPM-Kultur umschlossen. Denn diese determinieren den eigentlichen Ablauf und die Entscheidungen innerhalb des Kreislaufs. Die Rahmenparameter werden wiederum aus den allgemeinen Unternehmenszielen wie der Unternehmensvision, -strategie, Corporate Governance Regeln, und den korrespondierenden IT-Vision, IT-Strategie und IT-Governance Regeln abgeleitet. Unterstützt werden die Teilschritte mit begleitenden Maßnahmen wie z.B. ein Change Management um den Prozesswandel auch in der Organisation zu etablieren (vgl. SCHMIDT ET. AL. (2009), S. 52 ff.).

Des Weiteren konzentrieren sie ihre Betrachtungen unter dem Prinzip, dass handelnde Subjekte, Menschen oder Maschinen, die Inputgeber eines Prozesses sind und bestimmend über deren Ablauf (Prädikat) und die zu bearbeitende Objekte und somit die Ergebnisse sind. Eine solche Betrachtungsweise spiegelt eher eine Beschreibung in natürlicher Sprache wieder, welche Anwender intuitiver verstehen (vgl. SCHMIDT ET. AL. (2009), S. 53).

3.4   Business Activity Monitoring

In den Kapiteln 2.2 und 3.3 wurden die Regelkreise der beiden Disziplinen CPM und BPM näher erklärt. Beide Managementzyklen beinhalten Teilschritte, in denen Informationen über die Prozesse und Geschäftsprozesse gesammelt und gegebenenfalls zur Beurteilung über Bewertungsvorschriften aggregiert werden müssen. Bei CPM würde dies in den Teilschritt *Überwachung und Analyse* fallen (Corporate Performance Measurement) und im BPM-Regelkreis nach HAMMER in den Schritt *Prozessleistung Messen.*

Im Bereich des BPM werden nach MUEHLEN und SHAPIRO drei Wege zur Leistungsanalyse von Prozessen (Business Process Analytics) unterschieden (vgl. MUEHLEN & SHAPIRO (2010), S. 138). Im ersten Ansatz arbeitet man aufbauend auf einer ex post Analyse von historischen Daten abgeschlossener Prozesse aus z.B. einem Data Warehouse mit Process Controlling (vgl. SCHIEFER ET AL. (2003), S. 1 ff.) (vgl. MUEHLEN (2004), S. 1 ff.). Der zweite Weg verarbeitet vorrangig Echtzeitdaten und wird als Business Activity Monitoring (BAM) bezeichnet (vgl.

McCoy (2002), S. 2). Im dritten Ansatz Process Intelligence werden Geschäftsprozessdaten mit Prognosetechniken verarbeitet um Aussagen über zukünftiges Verhalten einer Organisation zu treffen (vgl. GOLFARELLI ET. AL. (2004), S. 1. ff.).

Nach der Meinung des Autors ist BAM aufgrund seiner Kombination von historischen als auch Echtzeitzeitdaten von der größten Bedeutung für Process Performance Management, weswegen folgend darauf näher eingegangen wird. Analysen aus ausschließlich historischen Daten würden aktuelle Entwicklungen nicht rechtzeitig erkennen. Zukunftsprognosen aufgrund von Auftrittswahrscheinlichkeit können nur näherungsweise angegeben werden und somit auch einen falschen Eindruck der zukünftigen Situation geben. Sie sollten lediglich zur Entscheidungsunterstützung und nicht als alleinige Informationsgrundlage genutzt werden.

Der von GARTNER geprägte Begriff Business Activity Monitoring bezeichnet die Echtzeitüberwachung kritischer Leistungsindikatoren (KPI) um Geschwindigkeit und Effektivität von Geschäftsprozessen zu erhöhen (vgl. McCoy (2002), S. 2). Nach NESAMONEY beschäftigt sich BAM mit der Echtzeitüberwachung der kritischen und aktiven Prozesse und deren Teilaktivitäten. Es verbindet aktuellste Transaktionsdaten aus operativen Systemen (recent view) mit historischen Daten aus einem Data Warehouse (historical view). Dabei werden Veränderungen der Geschäftsprozesse nach Änderungen oder Trends überwacht um Möglichkeiten und Probleme aufzeigen und so Entscheidern Informationen für gegensteuernde Maßnahmen zur Verfügung zu stellen (vgl. NESAMONEY (2004), S. 38 ff.). Einzelne Aktivitäten von Prozessen sind im Kontext von BAM nicht im Fokus, sie müssen zu KPIs aggregiert werden (vgl. ECKERT (2008), S. 20 ff.). Begriffe wie Business Process Monitoring werden daher für BAM synonym verwendet und sind nach Auffassung des Autors bis auf die Granularität der Betrachtungsobjekte identisch.

MUEHLEN und ROSEMANN unterteilen BAM in technische Überwachung (z.B. System-Antwortzeit, Systemlast etc.) und organisatorische Überwachung zur Einschätzung organisationaler Effizienz (z.B. Wartezeit, Workload-Analyse etc.). (vgl. MUEHLEN & ROSEMANN (2000), S. 2). Beide Perspektiven haben nach Meinung des Autors Relevanz für Führungsentscheidungen und sollten im Kontext des Managements der Leistungssteigerung berücksichtigt werden.

4 Process Performance Management

In den voran gegangenen Kapiteln wurden die vielfältigen Wurzeln des Process Performance Management näher erläutert. Folgend soll näher auf die Aspekte des PPM eingegangen werden. Nach Meinung des Autors hat PPM als Forschungsdisziplin eine lange Vorgeschichte, welche eine Vielzahl an bewährten und erforschten Ansätzen einbringt. Eine gefestigte Umrahmung des Ansatzes in der Literatur ist noch nicht gefunden, eine gemeinschaftliche Definition auf Grund des jungen Alters noch in weiter Ferne. Es soll daher Ziel des Kapitels sein, einen Teil dieser Ansätze gesammelt aufzuzeigen und somit den Begriff PPM näher zu umrahmen. Demzufolge wird auf eine konkrete Definition verzichtet.

Heß betrachtet PPM als zentralen Bestandteil des CPM. Er interpretiert CPM als „[...] die kontinuierliche Kontrolle der Ergebniswirksamkeit aller Unternehmensprozesse und deren permanenter Optimierung [...]" (HEß (2005), S. 11). PPM wird so als ein Steuerungselement gesehen, welches „[...] Business-Performance der relevanten Geschäftsprozesse permanent überwacht, Schwachstellen und Problemsituationen erkennt und meldet [...]" (HEß (2005), S. 11). HECKL und MOORMANN untersuchen diese Auffassung in Form des operativ-kontrollierenden Process Performance Measurements und sehen insgesamt drei Perspektiven des PPM: normativ (Mission und Vision eines Unternehmens), strategisch-kontrollierend (strategische Prozessentwicklung) und operativ-kontrollierend (Prozessziele erreichen) (vgl. HECKL & MOORMANN (2010), S. 116). Hier spiegeln sich erneut die unterschiedlichen Auffassungen und Herangehensweisen aus BPM wieder.

DE BRUIN und DOEBELI sehen selbst bei BPM immer noch drei unterschiedliche Betrachtungswinkel. Der erste sieht BPM als eine Lösung um mit Software- und Technologie-Prozesse zu organisieren und automatisieren. Der zweite sieht BPM als einen weiter gefassten Ansatz um Prozesse zu organisieren und zu verbessern. Die dritte Sichtweise versteht darin ganze Organisationen durch Prozessorientierung zu steuern (vgl. DE BRUIN & DOEBELI (2010), S. 559 ff.). PPM kann nach Meinung des Autors als Ansatz in allen drei Herangehensweisen angewandt werden.

In Hinblick auf diese Arbeit soll PPM aus dem Blickwinkel des CPM verstanden werden, einer Organisation zu mehr Leistungsfähigkeit zu verhelfen (Top-Down Blickwinkel). Es soll allerdings nicht außer Acht gelassen werden, dass die Wertschöpfung eines Unternehmens immer noch in einzelnen Aktivitäten seiner Geschäftsprozesse liegt. Entsprechend eines

Bottom-Up Ansatzes kann also durch kleine Verbesserungen die Gesamtleistung erhöht werden. Dementsprechend sollen Maßnahmen aus beiden Methoden betrachtet werden. In den beiden folgenden Kapiteln sollen einige dieser Methoden und Maßnahmen näher besprochen werden.

4.1   Maßnahmen - Der Top-Down Blickwinkel

PPM hat nach Meinung des Autors das Ziel Maßnahmen zur Beibehaltung oder Steigerung der Leistung von (Geschäfts-)prozessen zu implementieren. Ein Maßnahmenkatalog alleine ist jedoch noch nicht ausreichend. Ohne eine methodisch sichere Anwendung der Ansätze ist eine Vielzahl der Maßnahmen zum Scheitern verurteilt. ROSEMANN zeigt, dass der Weg zu erfolgreichen und unternehmensweit angewandten BPM langwierig ist und viel Planung mit Top-Down Umsetzungskonzepten wie z.B. durch Centers of Excellence benötigt (vgl. ROSEMANN (2010), S. 267 ff.). BURLTON zeigt ebenfalls Problematiken und deren Lösungsansätze auf. So geht er auf generelle Implementierungsmethoden und die Vorgehensweise von BPM ein (vgl. BURLTON (2010), S. 5 ff.).

Neben den vielen Implementierungsaspekten zeigen die Managementgrundgedanken dabei oftmals den gleichen Aspekt: Es müssen rückgekoppelte Regelkreise genutzt werden. Auf diese wurde auf Organisationsebene in Kapitel 2.2 und auf Prozessebene in Kapitel 3.3 näher eingegangen. Es existieren vielerlei Ansätze, welche letztendlich immer auf einen kontinuierliche Verbesserungsprozess mit verschiedenen Aspekten hinauslaufen (vgl. SCHEER & BRABÄNDER (2010), S. 239 ff.) (vgl. HAMMER (2010), S. 3 ff.) (vgl. SCHMIDT ET. AL. (2009), S. 52 ff.) (vgl. NEUMANN ET. AL. (2003), S. 233 ff.).

Top-Down Ansätze im Sinne von Prozessen können aber auch dazu dienen, die Unternehmensstrategie, abgeleitet aus Vision und Mission, in der Organisation zu etablieren. Diesen Aspekt heben auch SCHMIDT, FLEISCHMANN und GILBERT in ihrem integrierten BPM-Zyklus hervor. Die strategische Ausrichtung hat also einen nicht zu vernachlässigen Einfluss auf PPM (vgl. SCHMIDT ET. AL. (2009), S. 53). PPM dient in diesem Falle also auch als direktes Steuerungsinstrument des Unternehmens.

Die Steuerung eines Unternehmens kann jedoch nicht alleine auf BPM beruhen und benötigt ganzheitliche Konzepte auf Ebene der gesamten Organisation. Im deutschsprachigen Raum hat sich die Balanced Scorecard von KAPLAN und NORTON mittlerweile als ein oft gewähltes

Steuerungsinstrument sowohl im Fokus der Wissenschaft als auch in der Praxis heraus gestellt (vgl. MATLACHOWSKY (2008), S. 1 ff.). Beide Disziplinen ergänzen sich zusammen. Der Top-Down Ansatz der Balanced Scorecard angefangen von Vision und Mission eines Unternehmens wird sukzessive auf die Elemente einer Perspektive heruntergebrochen. Mit Instrumenten des PPMs können diese dann anhand von zu ermittelnden KPIs gemessen und bewertet werden. GRÜNING betrachtet die BSC und verschiedene weitere Ansätze wie z.b. die Performance Pyramid oder das Tableau de Bord näher (vgl. GRÜNING (2002), S. 21 ff.).

BURLTON merkt in einem weiteren Top-Down Ansatz an, dass Prozesse eines Unternehmens wie Produkte oder Dienstleistungen einem klassischen Lebenszyklus unterliegen. Sie werden bei neuen Produkten oder Dienstleistungen erstmals designt und etabliert, in Hochzeiten gefestigt und verbessert und am Ende eines Produktes oder einer Dienstleistung wieder durch neue ersetzt. Sie benötigen also durch die gesamte Lebensphase unterschiedliche Aufmerksamkeit und Bearbeitung um auch dem Ergebnis eines Prozesse zu höherer Qualität zu verhelfen (vgl. BURLTON (2010), S. 23).

Es folgen Herangehensweisen des Process Performance Managements, welche den Bottom-Up Ansatz wählen.

4.2 Maßnahmen - Der Bottom-Up Blickwinkel

Es gibt allerdings nicht nur Top-Down Ansätze, sondern auch die umgekehrte Variante Bottom-Up, welche ebenfalls die Gesamtleistung eines Unternehmens beeinflusst. Z. B. ist das eigentliche Design eines Prozesses ausschlaggebend für den Output, also die Ergebnisse, welche letztendlich die Leistung für den Kunden darstellen. In der Designphase von Prozessen sollte also nicht nur auf den Output wie momentan eingeschätzt wird Wert gelegt werden, sondern auch auf zukünftige Möglichkeiten. Dabei gilt nicht das Prinzip einem Prozess flexibel zu gestalten, er sollte vielmehr agil sein. Der Unterschied liegt darin, dass ein Prozess mit Flexibilität auf zu erwartende und mit Agilität sogar auf vorher nicht zu erwartende Anforderungen reagieren kann. Agil zu sein, heißt nicht nur reagieren, sondern den Wandel proaktiv zu unterstützen (vgl. GOLDMAN ET. AL. (1995), S. 57). Ähnlich definieren YUSUF, SARHADI und GUNASEKARAN Agilität als eine erfolgreiche Erforschung der möglichen Ansatzpunkte (Geschwindigkeit, Flexibilität, Innovation, Proaktivität, Qualität und Profitabilität) durch die Integration von rekonfigurierbaren Betriebsmitteln und Best Practices in einer wissensreichen Umgebung um kundengetriebene Produkte und Dienstleistungen in einem

sich schnell verändernden Marktumfeld anzubieten (vgl. YUSUF ET. AL. (1999), S. 37). Agile Prozesse ermöglichen somit eine schnellere und bessere Anpassung an ein wandelndes Umfeld, was sich wiederum in der gesamten Leistung des Unternehmens wiederspiegelt.

Beim Design leistungsfähiger und agiler Prozesse sind die grundlegenden Regeln der Modellierung sehr hilfreich. BECKER, MATHAS und WINKELMANN haben die sechs davon identifiziert, in notwendige und ergänzende Grundsätze aufgeteilt und näher erläutert. Notwendige sind Richtigkeit, Relevanz und Wirtschaftlichkeit, wohin ergänzende die Grundsätze Klarheit, Vergleichbarkeit und einen systematischen Aufbau beinhalten (vgl. BECKER ET. AL. (2009), S. 39 ff.). Letztendlich ist ein gutes Prozessmodell Voraussetzung für einen steigenden Erfolg. Für die Analysephase von Prozessverbesserung benötigt man ebenfalls genaue Kenntnis über die ablaufenden Prozesse.

An diesem Punkt setzen Reifengradmethoden für Prozessmodelle an. Ein bekannter Vertreter ist das in Kapitel 3.2 angesprochene CMMI. Mit Hilfe der SCAMPI Methode können Prozesse eines Unternehmens verglichen und gegenüber den Best Practices im CMMI Referenzmodell bewertet werden (vgl. AHERN ET. AL. (2005), S. 1. ff.). Das Problem ist allerdings, dass man nur zu den Best Practices vergleicht und davon ausgeht, dass diese Referenzmodelle 100% Leistungsfähigkeit darstellen. Somit können mögliche Potentiale aus der Bewertung ausgelassen oder sogar als negativ bewertet werden. Eine mögliche Bewertungsfunktion um einen Mindeststandard zu erreichen stellen sie nach Meinung des Autors trotzdem dar.

Es gibt Fälle, in denen weitere Ansätze sehr hilfreich können. Wenn z. B. kein aktuelles Prozessmodell existiert oder das aktuelle Prozessmodell nicht ausreichend gepflegt wird, könnten Process Mining Techniken die eigentlichen Betriebsabläufe automatisiert zu Tage fördern. Diese basieren auf den von operativen Systemen erstellten Logdaten. Voraussetzung ist natürlich das Prozesse innerhalb der IT-System ablaufen (vgl. VAN DER AALST ET. AL. (2007), S. 713 ff.). VAN DER AALST schlägt außerdem eine Delta Analyse und einen Konformitätstest vor, um die Ausführung von Prozessen zu einem Soll zu überprüfen (vgl. VAN DER AALST (2005), S. 198 ff.) (vgl. VAN DER AALST (2011), S. 140 ff.).

4.3   Leistungsmessung im Process Performance Management

PPM benötigt analog zu dem Regelkreisschritt in CPM und BPM eine Kontrolle, welche quantitativ oder qualitativ die Leistung von Prozessen misst. HECKL und MOORMANN definieren dies als „Operational Control" von Prozessen und meinen damit nichts anderes als

eine Leistungsmessung auf Prozessebene (Process Performance Measurement) (vgl. HECKL & MOORMANN (2010), S. 116). Die Leistungsmessung ist somit ein zentraler Bestandteil der kontinuierlichen Verbesserung der Gesamtleistung eines Unternehmens und wird folgend näher betrachtet. Die Einschätzung der Gesamtleistung eines Unternehmens ist ein nicht-trivialer Prozess, welcher auf vielen verschiedenen Indikatoren basieren sollte. Erst mehrere Betrachtungswinkel ermöglichen eine Darstellung der oftmals heterogenen Situation (vgl. DAVIS & KAY (1990), S. 1 ff.).

Im Hinblick der Prozessleistung gehen HECKL und MOORMANN auf die Probleme und Aspekte beim Aufbau eines Process Performance Measurement Systems ein. So betrachten sie Frameworks zur Leistungsmessung und deren Ansätzen und sehen wie NEELY, GREGORY und PLATTS die BSC als einer der bekanntesten Frameworks zum Aufbau eines Messsystems (vgl. NEELY ET. AL. (2005), S. 1243. ff.).

Beim Aufbau eines Leistungsmessungssystems muss nach BRIGNALL und BALLANTINE zum einen die Unternehmensvision und -strategie berücksichtigt werden, zum anderen aber auch die interne Organisation, also das Prozessmodell und seine Ausprägungen (vgl. BRIGNALL & BALLANTINE (1996), S. 22 ff.). BROWN schlägt bei einer Prozessorientierung die in Abbildung 6 dargestellte Strukturierung der Messwerte in 4 Geschäftsprozessschritte vor um die Leistung eines Prozesses und seine Zielerreichung zu messen.

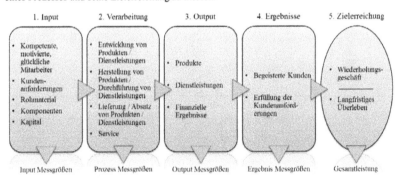

Abbildung 6:   Prozessmessmodell (Quelle: in Anlehnung an BROWN (1997), S. 100; HECKL & MOORMANN (2010), S. 124)

Die eigentliche Leistungsmessung im PPM erfolgt anhand von Leistungsindikatoren (LI, engl. Performance Indicators), Leistungskennzahlen (LK, engl. Performance Measures) und Leistungsvergleichen (LV, engl. Performance Figures). Auszuwählende LI wie Zeit oder

Anzahl der bearbeiteten Servicefälle sind von der Unternehmensstrategie, den Prozesszielen und/oder strategischen Erfolgsfaktoren abzuleiten und auszuwählen. LK operationalisieren die Indikatoren in exakt messbaren Kenngrößen wie z.b. Durchlaufzeit oder Wartezeit. LV dienen dazu die gemessenen LK in Relation zu sehen und eine große Menge an Daten kondensiert darzustellen. Sie dienen deswegen v.a. höheren Führungsebenen als Unterstützung und sind typischerweise zentraler Bestandteil eines Steuerungskonzepts wie der Balanced Scorecard. Die Auswahl der LI, LK und LV ist für jedes Unternehmen unterschiedlich, da sie auf deren strategischer Ausrichtung basieren sollten (vgl. HECKL & MOORMANN (2010), S. 119 f.). Zusätzlich ist es wichtig zu berücksichtigen, dass die eingeschätzte Leistung je nach gewählter Kennzahl sich deutlich voneinander unterscheiden kann. Ebenfalls sollte berücksichtigt werden, dass LI untereinander in Beziehung stehen und sich somit gegenseitig beeinflussen können (vgl. GILLIES (1997), S. 1 ff.).

CHAN und QI zeigen in ihrer Analyse der Wertschöpfungskette eines Unternehmens, wie einzelne prozessbezogene LK aufgrund ihrer Relevanz in Relation zum Prozess ausgewählt werden. Sie sind der Meinung, dass Prozesse und deren Aktivitäten sich besser eignen als Ergebnisse, welche am Prozessende als Output entstehen. Mit jenem Bottom-Up Ansatz von Aktivitäten zu Subprozessen und zu Prozessen sollen diese quantitativ beschreibbar werden (vgl. CHAN & QI (2003), S. 182 ff.).

BURLTON schlägt 5 Kriterien die bei der Auswahl von LI in ausreichendem Maße erfüllt sein sollten vor. LI sollten relevant im Sinne des Nutzens, der Unternehmensvision oder dem Ziel eines Prozesses sein. Vergleichbarkeit anhand einer Maßeinheit ist ebenso wichtig wie die Möglichkeit die Kennzahl in Relation zur Zeit zu setzen, die er als essentiell ansieht um Entwicklungen zu beobachten. Die Daten sollten verlässlich sein, somit Nachweißbarkeit ohne Verzerrungen aufweisen, sowie ohne exzessiven Zeit und Kostenaufwand erhebbar sein. Zuletzt ist es wichtig, dass die Teilnehmer auch Vertrauen in die Indikatoren selbst haben (vgl. BURLTON (2010), S. 27 f.).

HECKL und MOORMANN schlagen aufbauend auf Ergebnissen von NEELY ET. AL. 11 mit einander verzahnte Schritte beim Aufbau eines Process Performance Measurementsystems vor. Als wichtig sehen sie dabei v.a. den Aufbau so genannter Critical Process Success Factors (CPSF) und senken damit schon vorher bekannte kritische Erfolgsfaktoren von der Ebene des Unternehmens auf die Ebene der Unternehmensprozesse. Sie betrachten es als essentiell, dass diese CPSF für einen Großteil der Prozesse ermittelt werden und unterteilen sie zusätzlich in generelle CPSF (ständige Überwachung in allen Prozessen) und spezielle CPSF (Überwachung je nach Anwendungsfall) (vgl. HECKL & MOORMANN (2010), S. 126 ff.). Nach KUENG können diese entweder über einen direkten Ansatz durch Befragungen aller involvierten eines Prozesses

ermittelt werden (vgl. KUENG (2000), S. 67 ff.). Oder sie werden nach ROCKART in einem indirekten Ansatz durch Erfahrung, Intuition und statistische Methoden aus einem großen bekannten Variablenpool ermittelt (vgl. ROCKART (1979), S. 81 ff.). Die Implementierung eines Leistungsmessungssystems kann wie bereits dargestellt durch ein Echtzeit-BAM-System geschehen. HAN, CHOI, KANG und LEE geben einen Vorgehensrahmen zum Aufbau eines BAM-System, mit dessen Hilfe KPIs eng mit den Geschäftsprozessen in Beziehung gesetzt werden können. Deren Process-based Performance Measurement Model ermöglicht eine enge Verzahnung mit einem Steuerungskonzept (z.B. die BSC) und den in Unternehmen ablaufenden Prozessen. Dies erreichen sie durch die Einführung eines Mapping-Modells, welches KPI einer BSC mit Kennzahlen in einem Prozessmodell in Verbindung setzt (vgl. HAN ET. AL. (2010), S. 40 ff.). Voraussetzung dafür ist das von CHAN und QI eingeführte Prinzip, Prozesse in ihre Einzelaktivitäten zerlegen zu können (vgl. CHAN & QI (2003), S. 182 ff.).

Die bisherigen Betrachtungen berücksichtigen alle historische bis gerade anfallende Echtzeitdaten. Geschäftsprozesssimulation (Business Process Simulation) ermöglicht es, Prozesse zu überprüfen bevor sie (re)-implementiert werden. Das kann den in Kapitel 3.3 vorgestellten Regelkreis erheblich verkürzen, auch wenn sich die Planungsphase etwas verlängert. HAN, KANG und SONG schlagen hierfür eine zweistufige Analyse basierend auf dem Process Performance Measurement Model vor. Im ersten Schritt werden in einer Makroanalyse Geschäftsprozesse und deren Einfluss auf die Unternehmenszielgrößen analysiert und problematische Stellen mit viel Einfluss identifiziert. In der folgenden Mikroanalyse des zweiten Schritts werden diese einflussreichen Stellen dann verbessert und deren Wirkung auf die Zielgrößen abgeschätzt (vgl. HAN ET. AL. (2009), S. 7080 ff.). POURSHAHID, MUSSBACHER, AMYOT und WEISS zeigen in einem eigenen Ansatz, der ähnlich abläuft, ein Konzept für ein BAM-System, welches automatisiert mittels What-If Analysen nach Prozessverbesserungen sucht. Sie sehen allerdings noch Automatisierungspotential und müssen ihr Anwendungsmodell noch auf anderen Modellierungssprachen übertragen. Grundlegend ist allerdings, dass die Prozessmöglichkeiten auf die Leistung auf Unternehmensebene gehoben werden um die beste auszuwählen (vgl. POURSHAHID ET. AL. (2010), S. 233 ff.).

KANGA, LEEB, KIMA und LEEC sehen im Aufbau von BAM-System außerdem eine semantische Lücke zwischen traditionellen BAM Systemen, die nur auf Kennzahlen basieren und der eigentlichen technischen Umsetzung. Deswegen schlagen sie ein Framework vor, welches die automatisch umsetzbare Geschäftsprozesssprache WS-BPEL um semantische Informationen mittels der etablierten Web Ontology Language erweitert (vgl. KANGA ET. AL. (2009), S. 7576).

5 Fazit

Process Performance Management ist die konsequent weiter gedachte Umsetzung des schon von NORDSIECK angedachten Schwenks von einer Funktions- auf eine Prozessorientierung (vgl. NORDSIECK (1930), S. 1 ff.). Unternehmensführung bedeutet heutzutage fundierte Entscheidungen zu treffen, deren Auswirkungen auf die Unternehmensleistung kontinuierlich kontrolliert werden müssen. Oftmals haben diese Entscheidungen genauso wie äußere Veränderungen des Marktumfeldes eine erhebliche Auswirkung auf einen einzelnen Prozess und weniger auf die Gesamtleistung eines Unternehmens. Die bisherigen Ansätze des CPM und BPM gehen aus unterschiedlichen Perspektiven auf Prozesse ein und eigenen sich sehr gut um PPM zu integrieren.

Business Activity Monitoring ermöglicht im Rahmen des PPM Prozesse in Echtzeit zu überwachen. Es sollte dafür in ein ganzheitliches Unternehmenssteuerungskonzept wie z.B. die Balanced Scorecard integriert werden. Es ermöglicht damit eine Leistungsmessung des Unternehmens auf der Ebene von Unternehmensprozessen.

Die Kapitel 2 und 3 in Kombination mit Kapitel 4 haben gezeigt, dass PPM aus den verschiedenen Fachdisziplinen des CPM und BPM beeinflusst wird und aufgrund der zunehmenden Prozessorientierung ein integraler Bestandteil im Management-Regelkreis beider Herangehensweisen an die Leistungsverbesserung eines Unternehmens darstellen kann. Kapitel 4 selbst hat gezeigt, dass die junge Disziplin des PPM momentan intensiv erforscht wird. Es wurden die Ansätze und Maßnahmen des PPM näher erläutert umso die angestrebte aggregierte Darstellung des PPM zu erreichen.

Nach Meinung des Autors fehlt PPM noch eine klare Abgrenzung und Definition die von einem Großteil der Wissenschaft unterstützt wird. Ähnlich HAN ET. AL., POURSHAHID ET. AL. und KANGA ET. AL. ist der Autor der Meinung, dass eine tiefergreifende Erforschung der Integration von prozesskennzahlbasierter Leistungsmessung in Steuerungskonzepte für Unternehmen sowie eine empirische Forschung der praktischen Anwendung z.B. in Form einer Toolbox notwendig ist (vgl. HAN ET. AL. (2010), S. 44 f.) (vgl. POURSHAHID ET. AL. (2010), S. 257 f.) (vgl. KANGA ET. AL. (2009), S. 7580).

Literaturverzeichnis

Ackoff, R. L. (1967): Management Misinformation Systems, Management Science, Bd. 14, Nr. 4, 147-156.

Ahern, D. M.; Armstrong, J.; Clouse, A.; Ferguson, J. R.; Hayes, W.; Nidiffer, K. E. (2005): CMMI Scampi distilled - appraisals for process improvement, 1. Aufl., Addison-Wesley, Boston.

Aichele, C. (1997): Kennzahlenbasierte Geschäftsprozeßanalyse, 1.Aufl., Gabler, Wiesbaden.

Argyris, C. (1999): On organizational learning, 2. überarb. Aufl., Blackwell Publishing, Bodmin, Cornwall.

Anandarajan, M.; Anandarajan, A.; Srinivasan, C. A. (2004): Business intelligence techniques: a perspective from accounting and finance, Springer, Berlin, Heidelberg, New York.

Barthélemy, F; Knöll, H.-D.; Salfeld, A.; Schulz-Sacharow, C.; Vögele, D. (2011): Balanced Scorecard - Erfolgreiche IT-Auswahl, Einführung und Anwendung: Unternehmen berichten, 1. Aufl., Vieweg+Teubner, Wiesbaden.

Bea, F. X.; Haas, J. (2005): Strategisches Management, 4. Aufl, Lucius & Lucius, Stuttgart.

Becker, J.; Holten, R.; Knackstedt, R.; Niehaves, B. (2004): Epistemologische Positionierung in der Wirtschaftsinformatik am Beispiel einer konsensorientierten Informationsmodellierung, in: Frank, U. (Hrsg): Wissenschaftstheorie in Ökonomie und Wirtschaftsinformatik - Theoriebildung und -bewertung, Ontologien, Wissensmanagement, Deutscher Universitäts-Verlag, Wiesbaden, 335-366.

Becker, J; Schütte, R. (2004): Handelsinformationssysteme, 2. vollst. aktual. u. erw. Aufl., redline wirtschaft, Frankfurt am Main.

Becker, J.; Mathas, C.; Winkelmann, A. (2009): Geschäftsprozessmanagement - Informatik im Fokus, 1. Aufl., Springer, Berlin, Heidelberg.

Brignall, S.; Ballantine, J. (1996): Performance measurement in service businesses revisited, International journal of service industry management, Bd. 7, Nr. 1, 6-31.

Brown, M. G. (1997): Kennzahlen - harte und weiche Faktoren erkennen, messen und bewerten, 1. Aufl, Hanser, München, Wien.

Bucher, T.; Gericke, A.; Sigg, S. (2009): Process-centric business intelligence, Business Process Management Journal, Bd. 15, Nr. 3, 408-429.

Buchta, D.; Eul, M.; Schulte-Croonenberg, H. (2009): Strategisches IT-Management, Wert steigern, Leistung steuern, Kosten senken, 3. überarb. u. erw. Aufl., Gabler, Wiesbaden.

Burlton, R. (2010): Delivering Business Strategy Through Process Management in: Vom Brocke, J.; Rosemann, M. (Hrsg.): Handbook on Business Process Management 2, Strategic Alignment, Governance, People and Culture, 1. Aufl., Springer, Heidelberg, Dordrecht, London et al., 5-38.

Chan, F. T. S.; Qi, H. J. (2003): Feasibility of performance measurement system for supply chain - a process-based approach and measures, Integrated Manufacturing Systems, Bd. 14, Nr. 3, 179-190.

Chrissis, M. B.; Konrad, M.; Shrum, S. (2009): CMMI: Richtlinien für Prozess-Integration und Produkt-Verbesserung, 2. Aufl., Addison-Wesley, Boston.

Dahlgaard, J. J.; Kristensen, K.; Kanji, G. K. (2002): Fundamentals of Total Quality Management: Process Analysis and Improvement, 2. Aufl., Taylor & Francis, Abingdon.

Davis, E.; Kay, J. (1990): Assessing corporate performance, Business Strategy Review, Bd. 1, Nr. 2, 1-16.

De Bruin, T.; Doebeli, G. (2010): An Organizational Approach to BPM - The Experience of an Australian Transport Provider, in: Vom Brocke, J.; Rosemann, M. (Hrsg.): Handbook on Business Process Management 2, Strategic Alignment, Governance, People and Culture, 1. Aufl., Springer, Heidelberg, Dordrecht, London et al., 559-577.

Deming, W. E. (1953): Statistical techniques in industry, Advanced Management, Bd. 18, Nr. 11, 8-12.

Deming, W.E. (1992): Out of the Crisis, 1. Aufl., Massachusetts Institute of Technology, Cambridge.

Eccles, R.C. (1991): Performance Measurement Manifesto, in: Harvard Business Review, Bd. 69, 1. Auflage, Boston, 131-137.

Eckert, M. (2008): Complex Event Processing with XChangeEQ - Language Design, Formal Semantics, and Incremental Evaluation for Querying Events, Unveröff. Diss., Ludwig-Maximilians-Universität, München.

Föhr, S (1999): Führung und Interaktionsstrukturen, in: Schreyögg, G.; Sydow, J. (Hrsg.): Managementforschung 9, de Gruyter, Berlin, New York, S. 117-141.

Forrester, E. C.; Buteau, B. L.; Shrum, S. (2011): CMMI for Services - Guidelines for Superior Service, 2. Aufl., Boston.

Frolick, M. N.; Ariyachandra, T. R. (2006): Business Performance Management - One Truth, Information Systems Management, Bd. 23, Nr. 1, 41-48.

Gabriel, R.; Gluchowski, P.; Pastwa, A. (2009): Datawarehouse & Data Mining, w3L, Herdecke, Witten.

Gaitanides, M.; Scholz, R.; Vrohlings, A. (1994): Realisierung von Prozeßmanagement, in: Gaitanides, M.; Scholz, R.; Vrohlings, A.; Raster, M. (Hrsg.): Prozeßmanagement - Konzepte, Umsetzungen und Erfahrungen des Reengineering, Hanser, München, Wien, 1-19.

Gaitanides, M. (2007): Prozessorganisation - Entwicklung, Ansätze und Programme des Managements von Geschäftsprozessen, 2. vollst. überarb. Aufl., Vahlen, München.

Gallagher, B. P.; Phililips, M.; Richter, K. J.; Shrum, Sandy (2011): CMMI for Acquisition: Guidelines for Improving the Acquisition of Products and Services, 2. Aufl., Boston.

Gartner (2010): Leading in times of transition, The 2010 CIO Agenda, Stamford.

Geishecker, L.; Rayner, N. (2001): Corporate Performance Management - BI Collides With ERP, Research Note SPA-14-9282, Gartner Inc..

Gillies, A. (1997): Software quality - theory and management, 2. Aufl., Thomson Computer, London.

Gluchowski, P.; Gabriel, R.; Dittmar, C. (2008): Management Support Systeme und Business Intelligence - Computergestützte Informationssysteme für Fach- und Führungskräfte, 2. vollst. überarb. Aufl., Springer, Berlin, Heidelberg.

Goldman, S. L.; Nagel, R. N.; Preiss, K. (1995): Agile competitors and virtual organizations - strategies for enriching the customer, 1. Aufl., Wiley, New York.

Golfarelli, M.; Rizzi S.; Cella, I. (2004): Beyond data warehousing - what's next in business intelligence?, in: Proceedings of the 7th ACM international workshop on Data warehousing and OLAP, Washington, 1-6.

Grüning, M. (2002): Performance-Measurement-Systeme: Messung und Steuerung von Unternehmensleistung, 1. Aufl., Dt. Univ.-Verl., Wiesbaden.

Hammer, M. (1990): Reengineering Work: Don't Automate, Obliterate, Harvard Business Review, Band 68, Nr. 4, 104-112.

Hammer, M.; Champy, J. (1994): Reengineering the corporation: a manifesto for business revolution, Harper Collins, New York.

Hammer, M. (2010): What is Business Process Performance?, in: Vom Brocke, J.; Rosemann, M. (Hrsg.): Handbook on Business Process Management 1, Introduction, Methods and Information Systems, 1. Aufl., Springer, Heidelberg, Dordrecht, London et al., 3-16.

Hammer, M.; Champy, J. (1994): Reengineering the Corporation: A Manifesto for Business Revolution, 1. Aufl., Campus Verlag, Frankfurt am Main, New York.

Han, K. H.; Kang, J. G., Song, M. (2009): Two-stage process analysis using the process-based performance measurement framework and business process simulation, Expert Systems with Applications, Bd. 36, Nr. 3, 7080-7086.

Han, K. H.; Choi, S. H.; Kang, J. G., Lee, G. (2010): Performance-Centric Business Activity Monitoring Framework for Continuous Process Improvement, in: Zadeh, L. A.; Kacprzyk, J.; Mastorakis, N.; Kuri-Morales, A.; Borne, P.; Kazovsky, L. (Hrsg.): AIKED'10: Proceedings of the 9th WSEAS international conference on Artificial intelligence, knowledge engineering and data bases, World Scientific and Engineering Academy and Society (WSEAS), Stevens Point, 40-45.

Harmon, P. (2010): The Scope and Evolution of Business Process Management, in: Vom Brocke, J.; Rosemann, M. (Hrsg.): Handbook on Business Process Management 1, Introduction, Methods and Information Systems, 1. Aufl., Springer, Heidelberg, Dordrecht, London et al., 37-81.

Heckl, D.; Moormann, J. (2010): Process Performance Management, in: Vom Brocke, J.; Rosemann, M. (Hrsg.): Handbook on Business Process Management 2, Strategic Alignment, Governance, People and Culture, 1. Aufl., Springer, Heidelberg, Dordrecht, London et al., 115-136.

Heß, H. (2005): Von der Unternehmensstrategie zur Prozess-Performance - Was kommt nach Business Intelligence?, in: Scheer, A.-W.; Jost, W.; Heß, H.; Kronz, A. (Hrsg.): Corporate Performance Management - ARIS in der Praxis, Springer, Berlin, Heidelberg, New York, 7-29.

Hinterhuber, H. H. (2004): Strategische Unternehmensführung - I. Strategisches Denken, 7. grundl. neu bearb. Aufl., de Gruyter, Berlin.

Hungenberg, H.; Wulf, T. (2007): Grundlagen der Unternehmensführung, 3. Aufl., Springer, Berlin, Heidelberg.

Inmon, W. H.; Strauss, D.; Neushloss, G. (2008): DW 2.0: the architecture for the next generation of data warehousing, 1. Aufl., Morgan Kaufmann, Burlington.

International Organization for Standardization (2005): Qualitätsmanagementsysteme - Grundlagen und Begriffe (ISO 9000:2005), Ausgabe 2005-12, Beuth, Berlin.

Kanga, D.; Leeb, S.; Kima, K.; Leec, J. Y. (2009): An OWL-based semantic business process monitoring framework, Expert Systems with Applications, Bd. 36, Nr. 4, 7576-7580.

Kaplan, R. S.; Norton, D. P. (1996): The balanced scorecard : translating strategy into action, 1. Aufl., Harvard Business School Press, Boston.

Kaplan, R. S.; Norton, D. P. (1997): Balanced Scorecard - Strategien erfolgreich umsetzen, 1.Aufl., Schäffer-Poeschel, Stuttgart.

Krause, O. (2006): Performance Management - Eine Stakeholder-Nutzen-orientierte und Geschäftsprozess-basierte Methode, Gabler, Wiesbaden.

Kemper, U.; Mehanna, W.; Unger, C. (2006): Business Intelligence - Grundlagen und praktische Anwendungen, 2., erg. Aufl., Vieweg & Sohn, Wiesbaden.

Kueng, P. (2000): Process performance measurement system - a tool to support process-based organizations, Total Quality Management, Bd. 11, Nr. 1, 67-85.

Matlachowsky, P. (2008): Implementierungsstand der Balanced Scorecard, Fallstudienbasierte Analyse in deutschen Unternehmen, 1. Aufl., Gabler, Wiesbaden.

McCoy, D. W. (2002): Business activity monitoring - Calm before the storm, Technical Report LE-15-9727, Gartner, Inc..

Miller, J. G.; Vollman, T. E. (1985): The hidden factory, in: Harvard Business Review, Bd. 63, Nr. 5, 142-150.

Miranda, S. (2004): Beyond BI, Benefiting from Corporate Performance Management Solutions, in: Financial Executive, Bd. 20, Nr. 2, 58-61.

Muehlen, M.; Rosemann, M. (2000): Workflow-based Process Monitoring and Controlling - Technical and Organization Issues, in: Proceedings of the 33rd Hawaii International Conference on System Sciences (HICSS '00), Bd. 6, IEEE Computer Society, Washington, 1-10.

Muehlen, M. (2004): Workflow-based process controlling. foundation, design, and implementation of workflow-driven process information systems, 1. Aufl., Logos, Berlin.

Muehlen, M., Shapiro, R. (2010): Business Process Analytics, in: Vom Brocke, J.; Rosemann, M. (Hrsg.): Handbook on Business Process Management 2, Strategic Alignment, Governance, People and Culture, 1. Aufl., Springer, Heidelberg, Dordrecht, London et al., 137-157.

Neely, A. D.; Gregory, M.; Platts, K. (2005): Performance measurement system design - a literature review and research agenda, International Journal of Operations & Production Management, Bd. 25, Nr. 12, 1228-1263.

Nesamoney, D. (2004): BAM - Event-driven Business Intelligence for the Real-Time Enterprise, DM Review, Bd. 14, Nr. 3, 38-40.

Neumann, S.; Probst, C.; Wernsmann, C. (2003): Continous Process Management, in: Becker, J.; Kugeler M.; Rosemann, M. (Hrgs.): Process Management – a guide for the design of business processes, 1. Aufl. Springer, Berlin, 233-250.

Nordsieck, F. (1934): Grundlagen der Organisationslehre, 1. Aufl., Poeschel, Stuttgart.

Oehler, K. (2006): Corporate Performance Management: Mit Business Intelligence Werkzeugen, 1. Aufl., Carl Hanser, München, Wien.

OMG (2011a): UML Resource Page, URL: http://www.uml.org/, Abruf: 01.06.2011.

OMG (2011b): Object Management Group/Business Process Management Initiative, URL: http://www.bpmn.org/, Abruf: 01.06.2011.

Porter, M. E. (2000): Wettbewerbsvorteile: Spitzenleistungen erreichen und behaupten, 6. Aufl., Campus Verlag, Frankfurt/Main, New York.

Pourshahid, A.; Mussbacher, G.; Amyot, D.; Weiss, M. (2010): Toward an aspect-oriented framework for business process improvement, International Journal of Electronic Business, Bd. 8, Nr. 3, 233-259.

Rockart, J. F. (1979): Chief executives define their own data needs, Harvard Business Review, Bd. 57, Nr. 2, 81-93.

Rohm, C. (1998): Prozeßmanagement als Fokus im Unternehmungswandel, Ferber, Gießen.

Rosemann, M. (2010): The Service Portfolio of a BPM Center of Excellence, in: Vom Brocke, J.; Rosemann, M. (Hrsg.): Handbook on Business Process Management 2, Strategic Alignment, Governance, People and Culture, 1. Aufl., Springer, Heidelberg, Dordrecht, London et al., 267-284.

Rummler G. A.; Brache, A. (1995): improving performance, how to improve the white space in the organization chart, 2. Aufl., John Wiley & Sons, San Francisco.

Scheer, A.-W.; Brabänder, E. (2010): The Process of Business Process Management, in: Vom Brocke, J.; Rosemann, M. (Hrsg.): Handbook on Business Process Management 2, Strategic Alignment, Governance, People and Culture, 1. Aufl., Springer, Heidelberg, Dordrecht, London et al., 239-266.

Schiefer, J.; Jeng, J. J.; Bruckner, R. M. (2003): Real-time workflow audit data integration into data warehouse systems, in: 11th European Conference on Information Systems, Naples.

Schmelzer, H. J.; Sesselmann, W. (2008): Geschäftsprozessmanagement in der Praxis - Kunden zufrieden stellen, Produktivität steigern, Wert erhöhen, 6. vollst. überarb. Aufl., Hanser, München.

Schmidt, W.; Fleischmann, A.; Gilbert, O. (2009): Subjektorientiertes Geschäftsprozessmanagement, HMD - Praxis der Wirtschaftsinformatik, Nr. 266, 52-62.

Semen, B.; Baumann, S. (1994): Anforderungen an ein Management-Unterstützungssystem, in: Dorn, B. (Hrsg.): Das informierte Management. Fakten und Signale für schnelle Entscheidungen, Berlin, Heidelberg, S. 37-59.

Shewhart, W. A.; Deming, W. E. (Hrsg.) (1986): Statistical Method from the Viewpoint of Quality Control, 1. Aufl., Dover Publications Inc., New York.

Short, J; Davenport, T. H. (1990): The New Industrial Engineering: Information Technology and Business Process Redesign, Sloan Management Review, Band 31, Nr. 4, 11-27.

Stahlknecht, P.; Hasenkamp, U. (2005): Einführung in die Wirtschaftsinformatik, 11. Aufl., Springer, Berlin, Heidelberg, New York.

Töpfer, A. (2007): Six Sigma als Projektmanagement für höhere Kundenzufriedenheit und besser Unternehmensergebnisse, in: Töpfer, A. (Hrsg.): Six Sigma, Konzeption und Erfolgsbeispiele für praktizierte Null-Fehler-Qualität, 4. aktualis. u. erw. Aufl., Springer, Berlin, Heidelberg, New York.

Van der Aalst, W. M. P. (2005): Business alignment - using process mining as a tool for Delta analysis and conformance testing, Requirements Engineering, Bd. 10. Nr. 3, 198-211.

Van der Aalst, W. M. P.; Reijers, H. A.; Weijters, A. J. M. M.; van Dongen, B. F.; Alves de Medeiros, A. K.; Song, M.; Verbeek, H. M. W. (2007): Business process mining - an industrial application, Information Systems, Bd. 32, Nr. 5, 713-732.

Van der Aalst, W. M. P. (2011): Discovery, Conformance and Enhancement of Business Processes, 1. Aufl., Springer, Heidelberg, Dordrecht, London et. al..

Vom Brocke, J.; Rosemann, M. (2010): The Six Core Elements of Business Process Management, in: Vom Brocke, J.; Rosemann, M. (Hrsg.): Handbook on Business Process Management 1, Introduction, Methods and Information Systems, 1. Aufl., Springer, Heidelberg, Dordrecht, London et al., 107-122.

Yusuf, Y. Y.; Sarhadi, M.; Gunasekaran, A. (1999): Agile manufacturing - the drivers, concepts and attributes, International Journal of Production Economics, Bd. 62, Nr 1-2, 33-43.

Zachman, J. A. (1987): A framework for information systems architecture, IBM Systems Journal, Bd. 26, Nr. 3, 277-293.

Zell, M. (2008): Kosten- und Performance-Management, Grundlagen, Instrumente, Fallstudie, 1. Aufl., Gabler, Wiesbaden.

Dokument Nr. V188744
http://www.grin.com
ISBN 978-3-656-12696-6